かんたんたのしい

手あそびいっぱい!!

多志賀 明／㈱総合体育研究所

生活ジャーナル

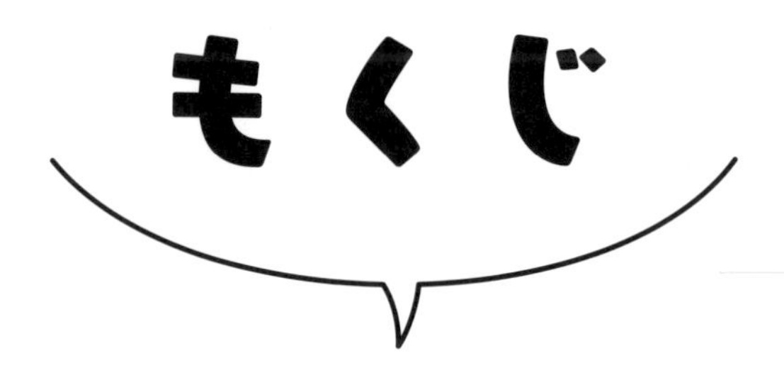

監修にあたり …… 4

知・徳・体で調和のとれた豊かな人間育成 …… 5

1 たのしい手あそび・指あそび

クルクルクルクルピッ …… 8

ふるさと …… 10

1羽のニワトリ …… 12

いっちゃんいちごを …… 14

何をつくる? …… 16

手のひら …… 18

2人組の手合わせあそび 3拍子(ワルツ) …… 20

サンドイッチ …… 22

木登りコアラ …… 24

拍手でなかよし …… 26

ハンバーグ …… 28

スリッパくん …… 30

キツツキ …… 32

おじゃまします …… 34

この指すごい! …… 36

どっちにしようかな …… 38

指ぐりあそび ア・ラ・カ・ル・ト …… 40

2 いつでもどこでもハンカチあそび

ハンカチ重ね ・・・・・・ 44
紙はパー！石はグー！チョキ ・・・・・・ 46
雷だ！ピカッ！ゴロゴロドン！ ・・・・・・ 48
クルクルポン！ ・・・・・・ 50
三角　四角　どっちかな？ ・・・・・・ 52
朝ですよ！コケコッコー！おはよう！ ・・・・・・ 54
ハンカチ拍手 ・・・・・・ 56
ハンカチプレゼント ・・・・・・ 58

3 誰でも簡単ジャンケンゲーム

ジャンケン開脚ゲーム ・・・・・・ 62
たけのこジャンケン ・・・・・・ 64
ザリガニジャンケン ・・・・・・ 66
ハンカチジャンケン ・・・・・・ 68
拾った木の実 ・・・・・・ 70

4 切る・折る・貼るあそび

指ぐるま ・・・・・・ 74
紙コプター ・・・・・・ 75
回るメガネ ・・・・・・ 76
組ぐるま ・・・・・・ 77
UFO ・・・・・・ 78

監修にあたり

私共㈱総合体育研究所は「体操嫌いにさせるな」を指導方針として、幼稚園や保育園を中心に体育講師を派遣する業務を行っています。また、長年にわたり全国各地で保育に携わる方々を対象に、運動あそびや手あそびの研修会も開催させていただいております。

弊社は業務の特殊性に対応するため、入社後毎年４月に全社員を対象に２種類の研修を受けることになっていました。

一つは経営コンサルタントの先生による挨拶や名刺交換、電話応対などの一般的な社会人研修。もう一つは主な派遣先である幼稚園や保育園での立ち居振舞いを学ぶ研修。この研修の講師をしてくださっていたの多志賀明先生でした。

幼稚園、保育園という環境で仕事をする上での基本的な考え方。園長先生・担任の先生・保護者・子ども達、様々な立場の目線から見える我々の姿などを教えていただきました。また、園内での言動には細心の注意と責任を持つことも教えていただきました。その他に体操の先生も身に付けておいた方が良いという理由で様々な手あそびを教えていただきました。

時が経ち経験を積み環境がどんどん変わる中、ついに多志賀先生と組んで保育者向けの研修会を主催させていただくようになりました。その中で多志賀先生のアシスタントとしてサポートに付くようになると、いずれ自分達がメイン講師でこの現場に立つのだと意識し始めました。その頃から先生の話し方、リズム、テンポをいかに自分のものにするか（盗むか）という思いが強くなり、一字一句聞き逃さないという気持に溢れ、あんなに楽しかった先生の研修で笑顔が無くなっていました。

多志賀先生から巣立ち、我々だけで保育者向けの研修会の講師ができるようになった頃、多志賀先生は仕事先の佐世保で倒れられ、度重なるなる闘病生活の後、平成26年７月永眠されました。

それからは「子ども達の笑顔のために」という多志賀先生の強い思いを受け継ぎ、全国各地にて遊びを広げています。

この度、今までお世話になってきた多志賀先生に対する恩返しと、世界中の子ども達の笑顔のために私どものオリジナルの手遊びも加えてこの本の監修をさせていただくことになりました。

新たな息吹を吹き込んで今ここに手あそびの本が生まれ変わりました。
子ども達の笑顔のためにご活用いただけたら幸いです。

知・徳・体で調和のとれた豊かな人間育成

・・・

色々な刺激が豊かな感性を育みます。

知育……脳への刺激

徳育……心への刺激

体育……身体への刺激

バランスよく、三育の向上をはかりましょう。

第1章

たのしい
手あそび・指あそび

　私たち人間は、他の動物と違って、たくさんの手・指の動きを授かって生まれてきました。無限に近いコンピューターを持って生まれたといっても過言ではありません。
　握る・引っ張る・たたく・押す・運ぶ・投げる・捕らえる……。
こんなにすばらしいコンピューターも、使わないとさびついてこわれてしまいます。使えば使うほどなめらかに動き、一生使えるのです。

クルクルクルクルピッ

さあ　指あそびスタートです。５本全ての指を動かします。指と頭の準備体操です。楽しい雰囲気でみんなで歌ってやってみよう！

うた♪♪♪

作詞　山田　秀一
作曲　山田リイコ

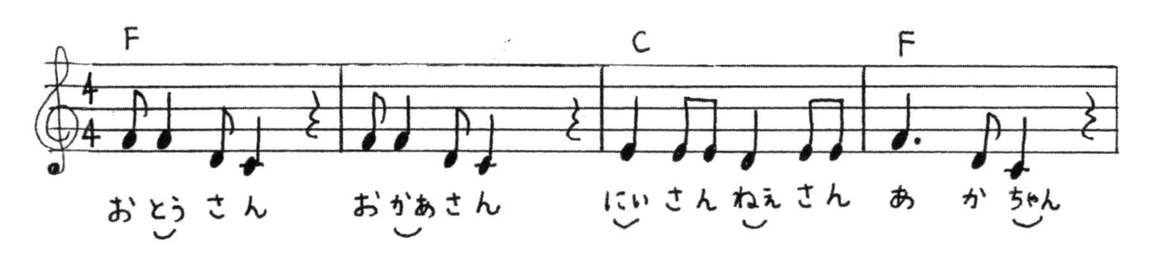

あそび方

歌に合わせて親指から順番に立てていきます。
クルクルクルクルの時はかいぐりをして、せーのピ！の時に好きな指を一本だけ立てます。
立てた手が先生や遊んでいる相手と合えば大成功

1 おとうさん

2 おかあさん

3 にいさん

4 ねえさん

5 あかちゃん

6 クルクルクルクルせーの

7 ピッ

まずは先生の真似をしてやってみよう！！
真似をするだけで子ども達の笑い声が絶えません

ふるさと

これはかつて多志賀先生がボーイスカウト活動に加わっていたころ覚えたあそびです。１度覚えただけで何年経っても忘れられないのは、単に歌が有名なだけではなく、その表現の仕方がとても単純でいて楽しいものだからではないかと思います

うた♪♪♪

うさぎ　追いし　かの山
こぶな　釣りし　かの川
夢は今も　めぐりて
忘れがたき　ふるさと

文部省唱歌

ポイント

最初に先生がやって見せるときは、とにかく楽しそうにやってください。うたはわからなくても、雰囲気で伝わります。

あそび方

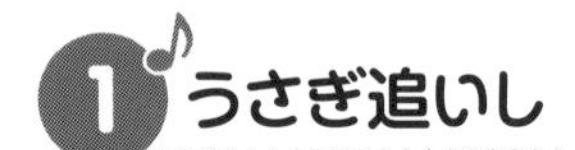

1 うさぎ追いし

うさぎの耳のように両手を頭の上に伸ばしてつける。リズムに合わせて上下に振る。両手を握り、走るように腕を振る。

2 かの山

手を１回たたき、両手を頭上から斜め下に山を描くようにおろす。

3 こぶなつりし

両手のひらを合わせてからだの前で魚の泳ぐ様子を表現し、手をそのまま竿を上げるように持っていく。

4 かの川

頬を(止まって血を吸っているかをパチンと叩くように)打ち、両手を左から右にかけて上手にゆすって川の流れを表現する。

5 夢は今もめぐりて

両手のひらで軽く頭をなで、たたく。

人さし指で頭を指して、クルクルと円を描く。

続いて両手をパーッと開く。(クルクルパーですよ)

6 忘れがたきふるさと

右肩を3回、左肩を3回たたく。

両手を頭上に上げて、振りながらゆっくり下におろす。

最後は右手を舌でペロリとなめる。

1羽のニワトリ

親指から小指までの五本指を使った数あそびです。指を使ったあそびの基本ともいえるでしょう。指をどんどん使うことによって脳の動きが活性化します。

うた♪♪♪

1ばん 1羽のニワトリさんぽして
おおきないしにぶつかって
コケコッコーとなきました

2ばん 2羽のニワトリさんぽして
おおきないしにぶつかって
コケコッコー、コケコッコーと
なきました

作詞　多志賀　明

3~5ばん は、指の数に合わせて3羽～5羽、コケコッコーと鳴く回数を3～5回に変えるだけです。

ポイント

あそび方の❶～❹のところは2番3番と次第に難しくなり、できない人もいるでしょう。そこで、まず第1に先生は**♪いちわの♪**の「わ」のところで次の指を早めに出しましょう。

第2に細かな動きはあくまでも基本の形です。子どもに合わせたアレンジをしましょう。例えば、指が出せなかったら手をリズムにのって動かすだけでもいいのです。大切なことは、手や指を使って遊ぶということです。

早めのハンドサイン！

1 いちわの

左右人さし指を、同時に上に向けて出す。

2 ニワトリ

つづいて、中指も上に向けて出す(ジャンケンのチョキのように)。

3 さんぽ

同時に薬指も上に向けて出す。

5 おおきないしに

指を全部開いて、大きく円を描く。

7 コケコッコーと

指先を上に向けて手のひらを合わせ、続いて指先を左右に開く。

4 して

小指も出して、4本指。

6 ぶつかって

円を描いた最後に、両手のひらでポーンと手を合わせる（拍手の状態）。

8 なきました

❼の手を横に倒して指先だけを3回開いたり閉じたりして、鳥のくちばしの動作をする。

2~5ばん もやってみましょう

「おやおや、もう1羽やってきましたよ」といって、**♪2羽のニワトリ……♪**を続けましょう。ここでは2本指と2本指。**♪3羽のニワトリ♪**では3本指と2本指です。この指の変化が少し難しいところです。❼の**♪コケコッコー♪**と鳴くところは、2番以降は、ニワトリの数だけ鳴きましょう。あちこちで鳴いているように手の向きを変えましょう。

いっちゃん　いちごを

〈表情豊かにおいしい物をみんなで食べる〉という表現あそびなので、比較的低年齢からでも楽しくあそべます。「1羽のニワトリ」と同様に数あそびも含んでいますので、頭の運動にもなりますから大いに活用してください。

うた♪♪♪

作詞・作曲　多志賀　明

2/4

いっちゃん　いちごを　ひとつぶ　たべた　1　2　3　4　5　トン　トン
にいちゃん　ニンジン　にーほん　たべた　1　2　3　4　5　タン　タン
さんちゃん　さんまを　さんびき　たべた
よっちゃん　ヨーカン　よーんこ　たべた
ごんちゃん　ごはんを　ごはいも　たべた

ポイント

先生は子どもがついてきやすいように表現を早めに出しましょう。**♪いっちゃんいちごを1粒食べた♪**の「食べ」で指を前へ少し倒し、「た」で次の2本指を出す（以下も同様）。そうすれば、子どもはあわてることなく楽しめるでしょう。

また、このようなあそびの場合、ゆっくりと語りかけながら子どもとコミュニケーションをとってあそぶことが大切です。特に慣れるまでは、「いっちゃんは何を食べたんでしょうね。と、質問形式にするのも1つの方法です。」

ここでもやはり〈早めのハンドサイン〉！

あそび方

1 いっちゃんいちごを1粒食べた

両手人さし指を上に突き出し、リズミカルに左右に振る。

2 にいちゃんニンジン2本食べた

中指も加えて出し、左右に振る。

3 さんちゃんさんまを3匹食べた

薬指を加えて左右に振る。

4 よっちゃんヨーカン4個食べた

小指も加えて左右に振る。

5 ごんちゃんごはんを5杯も食べた

最後に両手を開いて胸の前で左右に振る。

6 12345　トントン

親指から順に小指まで１本ずつ折り曲げ、にぎりこぶしをかさねて２回トントンとたたく。

7 12345　タンタン

今度は小指から開き、最後に手をたたく。

何をつくる?

子ども達の想像力を養います。子ども達の可能性と想像力は無限大です。何が出来上がるのか楽しみです。子ども達の豊かな発想に我々大人も驚かされます。

うた♪♪♪

作詞　山田　秀一
作曲　山田リイコ

あそび方

歌に合わせて右手、左手と順番に人さし指を立てて左右に振ります。
歌が終わったら何が出来るか想像して自分で色々なものを出した指で表現します。
二本、三本…五本まで繰り返します。

1 いちといちでつくる

2 なにをつく

3 る

4 つの!!

手のひら

人の手って本当に不思議です。色々な形に変化し、色々なことができます。子ども達と一緒に、たくさんの不思議を発見してください。

うた♪♪♪

作詞　山田　秀一
作曲　山田リイコ

あそび方

1 ての
ての
たいら
ての

手のひらを自分に向ける。

2 ひら
ひら
だから
ひら

外側に向けるを繰り返す。

3 でもね　メガネ!!

両手で色々な形を作る。

4 あらふしぎ

ポイント

「でもね」の後に両手で色々な形を作り遊びます。
例）おにぎり、ちょうちょ、ハートなど
色々な形に変化する手を不思議に思いながら楽しみます。

2人組の手合わせあそび
3拍子(ワルツ)

日本古来の音楽は2拍子、4拍子が大半を占めています。それは日本人が農耕民族だからだそうです。明治以降、私たちも狩猟民族のリズムといわれる3拍子の音楽にふれるようになりました。3拍子はワルツに象徴されるように踊りたくなるような心弾む音楽です。そんなワルツの曲で手合わせあそびをしてみましょう。

うた♪♪♪

3拍子の曲なら何でもかまいません。数え方は、「1・2・3、2・2・3、3・2・3、4・2・3」というように、曲が終わるまでこれを繰り返します。

曲例をあげますと……

『ぞうさん』(まど・みちお作詞・團伊玖磨作曲)

『こいのぼり』

『We Wish You A Merry Christmas』

ほかにもいろいろな曲でやってみましょう。

あそびの展開

❶〜❸の2拍目で手の甲、3拍目で手の平を合わせるやり方であそんでみましょう。

ポイント

お互いの手の甲を合わせるのが難しい場合は、手の平を2回合わせるようにするとスムーズになります。

２人向かい合って座り、歌が始まるのを待ちます。

❶・

自分の手を合わせる。

❷・

自分の手を合わせる。

❸・

自分の手を合わせる。

❹・

自分の手を合わせる。

❷・❸

お互いの手の甲を指を下にして合わせ、続けて手のひらを合わせる。

❷・❸

お互いの手の甲を指を下にして合わせ、続けて手のひらを合わせる。

❷・❸

お互いの両手の甲を指を下にして合わせ、続けて手のひらを合わせる。

❷・❸

お互いの右手で２回握手をする。

サンドイッチ

多志賀先生が韓国へ行ったとき、夕食を食べそこねお腹をすかして困った思い出があったそうです。ホテル内をうろうろしていたら、今まさに閉まろうとしているサンドイッチ屋さんを見つけ、残っていたサンドイッチを３つ４つ買うことができました。部屋に戻って食べたその味は最高においしいものでした。それ以来、多志賀先生の大好物はサンドイッチになりました。

うた♪♪♪

作詞　金子　恭子
作曲　多志賀　明

ポイント

ことばに抑揚をつけて、リズミカルにはっきりと言いましょう。

❷と❸はいろんなあそびにアレンジできます。ポイントは、❹で相手の手、自分の手、相手の手、自分の手……というようにふれあうということです。

あそびの展開

【あそび方】の❹では子どもの大好きな物をどんどんサンドしてみましょう。たとえば、玉子をサンドして**♪玉子サンド♪**、いちごサンドして**♪いちごサンド♪**、夏の暑いときは、アイスクリームをサンドしちゃって**♪アイスクリームサンド♪**なんていうのもなかなかおいしそうですよ。

あそび方

２人組になり、１人はサンドイッチを作る人（Ａさん）、もう１人はパン（Ｂさん）を決めます。
向かい合い、手のひらを下に向けて出します。

1 おいしいパンを買ってきて

Ａさんが Ｂさんの手のひらを、１つ１つ順に裏返す。

2 どんなサンドにしようかな

Ａさんは、Ｂさんの手のひらのまん中に人さし指をたて、ゆっくりとくるくるとまわす。

3 バターをぬってペタペタと

Ａさんの手はバターナイフになり、Ｂさんの手のひらにゆっくりバターをぬる。

4 ハムをポーンとハムサンド

Ａさんは片手だけ、Bさんの手のひらをパチンと音をたててたたき、そのまま手を合わせる。その上にもう片方の手を、Bさん Ａさんの順で手のひらをのせる。

手のひらを重ね合わせたスキンシップのサンドイッチのでき上がりです！

木登りコアラ

オーストラアにすむ、ユーカリの葉っぱだけを食べて一生を過ごすコアラ。名古屋の動物園に迎えられ、日本に初めて来た様子を多志賀先生がテレビで見て作ったあそびです。３つのあそび方で楽しめます。

うた♪♪♪

作詞・作曲　多志賀　明

あそび方

３つご紹介しますが、どれも上のうたをうたいながらやってみましょう。

❶ 1人あそび

座ったままグーを握った手を上へ交互に重ねていく。座った姿勢で精一杯上までできたら、立ち上がって１番の終わりまで続ける。２番では１番と反対に下へ下へと握った手を交互につけていき、適当な所で座ったり、かがんだりして各自にあった姿勢で下がっていく。ゴーゴー！

❷ 2人あそび

基本的に❶のあそびと同じやり方。２人向かい合って、Ａさんの右手から始めたら次はＢさんの右手、Ａさんの左手、Ｂさんの左手のように握りこぶしを交互に重ねる。１番で上にいき、２番では下に下ってくるのは同じ。

❸ 2・3人のあそび

ジャンケンをして勝った人はコアラに、負けた人はユーカリの木になる。コアラになった人は人さし指と中指を使いユーカリの足もとから頭のてっぺんまで、歌に合わせて指で歩くように登る。コアラが２人のときはどことどこから登っていくか相談して、ユーカリさんを笑わせよう。２番は下がっていく。

ポイント

手の出し方や指の進め方は基本的に自由ですが、あまり早いと子どもがついていけません。２拍で片手ずつ（または指１本ずつ）出すようにするとちょうどよいと思います。楽譜のグーの所です。

立ったり座ったりの動きが入りますが、あくまでもこれはひとつの形です。座ったままでも楽しくあそべます。

拍手でなかよし

お友達と気持ちを合わせてやってみよう。相手とタイミングが合えばパチンと手が当たりビックリと同時に何とも言えない達成感が沸いてきます。
合わなかったら残念空振りです。

うた♪♪♪

作詞　山田　秀一
作曲　山田リイコ

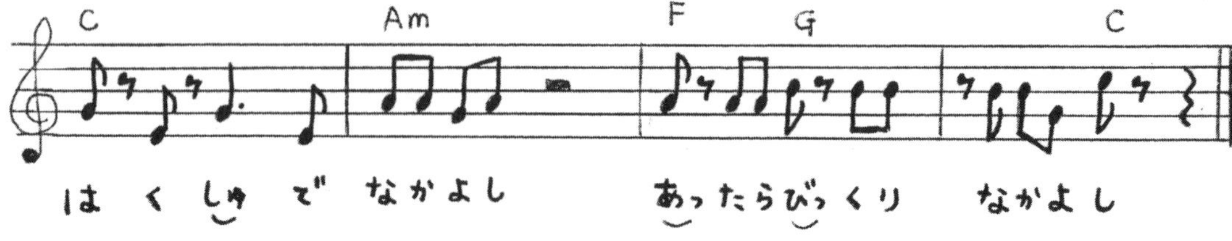

あそび方

1 はくしゅで はくしゅで はくしゅで

2 なかよし なかよし なかよし

自分の手を２回、相手の手を２回たたくのをくり返す。

3 あったら

自分の手を胸の前で一度合わせる。

4 ビックリなかよし

ビックリしたポーズをする。

5 せ〜の

6 1!･2･3 or 1･2!･3

「せーの１・２・３」の掛け声を合図に、１か２か３の自分の好きなタイミングの時に両手を前へ押し出す。

ハンバーグ

ハンバーグを落とさないようにお皿にのせる遊びです。ハンバーグはどっちのお皿が出てくるのか考え、お皿はどっちのハンバーグが落ちてくるのか、２人の気持ちを一つに合わせてやってみよう。

うた♪♪♪

作詞　山田　秀一
作曲　山田リイコ

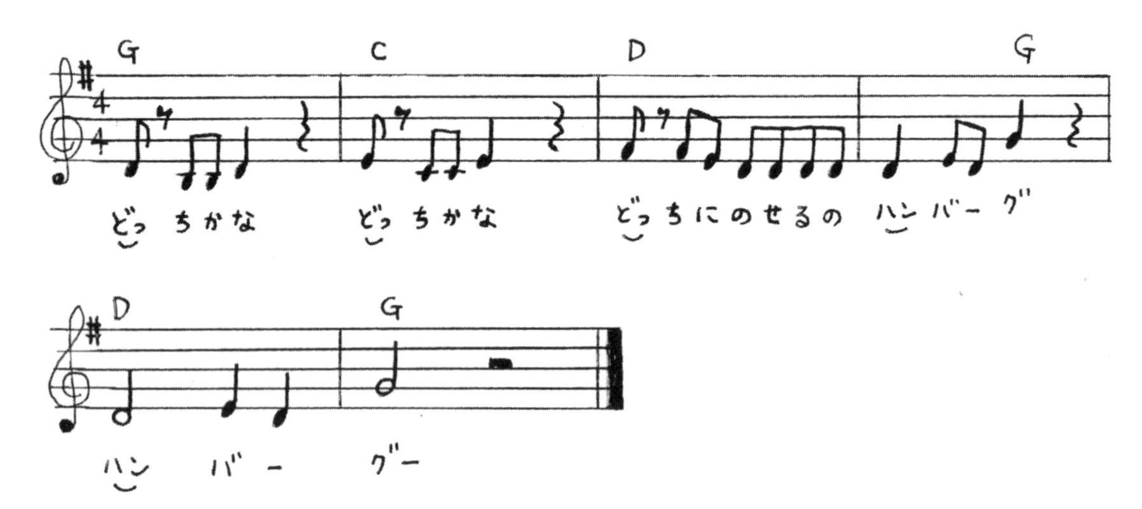

あそび方

ハンバーグの子とお皿の子を決めます。

ハンバーグの子は両手をグーにして歌に合わせて右手、左手と交互に手をお皿の子に向って出します。

お皿の子は両手をパーにして手のひらを上に向け出てきたハンバーグの下にそえる。

「どっちに乗せるのハンバーグ」

の後にお互いに両手を自分の身体に近づけ、**「ハンバーグ」**の**グー**の時にハンバーグの子はどちらかの手を前に出す。

お皿の子がハンバーグの下に手をだせたら大成功。

1 どっち
どっち
どっちに
ハンバー

2 かな
かな
のせるの
グ

3 ハンバー

お互い両手を自分の身体に近づける。

4 グー

ハンバーグの子はどちらかの手を前に出す。

スリッパくん

さあ　身体を使って漢字の勉強です。でも子ども達はきっと意味は分からないと思います!? そんなことは気にしない気にしない！　元気良く、楽しく身体を動かしましょう!!　お互いのポーズが合えば大成功!!

うた♪♪♪

作詞　山田　秀一
作曲　山田リイコ

あそび方

1 スリッパくん

2 スリッパくん

二人組でスリッパ役の子を決める。スリッパ役の子は歌に合わせて右手、左手と順番にもう一人に向かって出す。もう一人の子は出てきた手を順番につかむ。

3 きみはすごいねスリッパくん

手を繋いだまま左右に動かす。

4 どんなにも

自分の手を２回叩く。

5 サイズあうね

相手の手を２回叩く。

6 今日は？せーの大！中！小！

「せーの」の合図で大のポーズ、中のポーズ、小のポーズのいずれかひとつを選んで相手に見せる。

キツツキ

さあ、ガマン大会です。木になった人は、痛くても、かゆくても、くすぐったくても動いてはいけません。キツツキは、あんな所、どんな所でも止まります。キツツキに負けないよう頑張ろう!!

うた♪♪♪

作詞　山田　秀一
作曲　山田リイコ

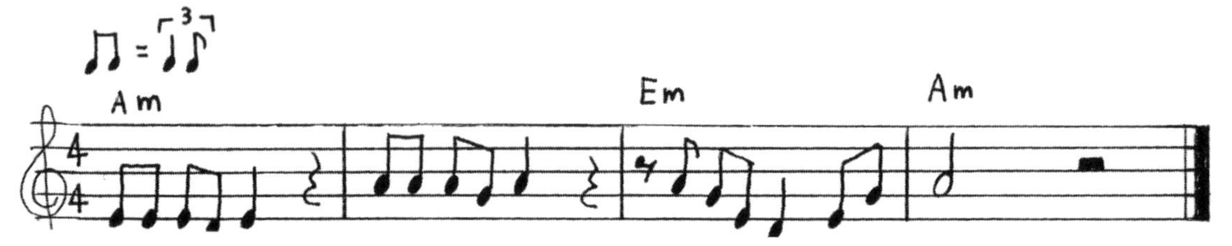

あそび方

二人組で向かい合い一人が木になり両手を広げ立ちます。
もう一人がキツツキになり歌に合わせて両手をキツツキのくちばしに見立てて小刻みに動かします。
歌が終わったらキツツキは木の好きなところにくちばしを付けてきをつつきます。
木はくすぐったくても動かないように頑張ります。

1 キツツキがどんできたどこにとまる

2 ここにとまる

3 ツンツンツン　ワー

おじゃまします

相手の動きを考えながら遊んでみましょう。さあ、相手は押すのか引くのか、考えれば考えるほどドキドキが止まりません。お互いの動きが合えば大成功です！

うた♪♪♪

作詞　山田　秀一
作曲　山田リイコ

あそび方

1 おじゃまします

お互いに向かい合い挨拶をする。

2 おすのかな

両手を合わせて２回相手の手を押す。

3 ひくのかな

両手を左右に広げ横にスライドさせる。

4 このドアどっちかな？

両手を身体に近づけて考える。

5 せーの　おすー！

押すのか、広げるかどちらか決めて相手に向かって動かす。

この指すごい！

この遊びを作ってすぐに子ども達に披露しました。歌をやや演歌調にアレンジしたところ、子ども達は大喜びでいつの間にか教室中が演歌歌手の集団のようでした。身体もたっぷり動きますので少し広めのお部屋で遊ぶのがおすすめです。

うた♪♪♪

作詞　山田　秀一
作曲　山田リイコ

1 このゆびすごいよね

片手を開き、もう片方の人さし指で開いた手の指を一本ずつ触る。

2 このゆびすごいよね

開く手を変えて同じことを繰り返す。

3 ほんとにほんとにすごいよね

両手を握りグーの形を作って自分の胸に付けます。

4 このゆびすごいよね

人さし指から順番に指を開く。

5 コチョコチョコチョ

近くにいる子をくすぐる。

どっちにしようかな

私たちは生活の中で、好き・嫌いと判断している事物がたくさんありますね。嫌いなものは見たくもないし、捨ててしまいたいと思うはずです。次に出てくるものはどっちかな？と考えながらグー・パーで勝負しましょう。歌わなくてもリズムだけで十分に楽しめます。

うた♪♪♪

作詞・作曲　多志賀　明

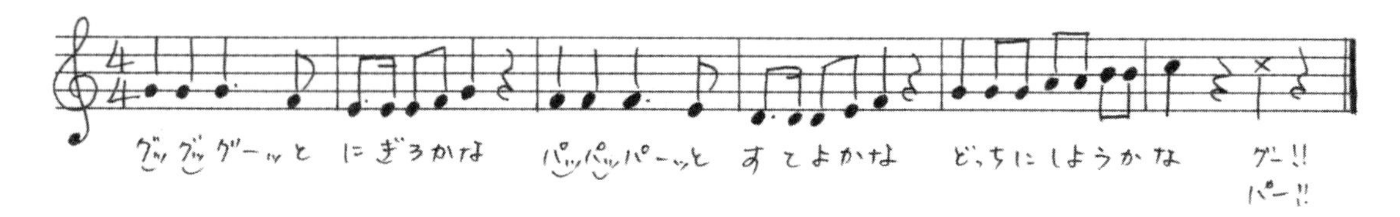

あそび方

あらかじめ好きな物の代表をいくつかと嫌いな物の代表をいくつかを画用紙などに描いておきます。絵が苦手ならば紙に箇条書きしておきましょう。

はじめに　子どもに説明しましょう

〈グッ〉と手を握る。これはほしいときの合図です。「いらない！」「嫌い！」というときは〈パー〉です。ここに絵（またはメモ）があります（裏にして見せる）。ほしい物が出そうだと思ったらグー、嫌いな物が出そうだと思ったらパーを出しましょう。さあ何が出てくるのかな。

1 グッグッグーとにぎろかな

両手握りこぶしを胸の前に出し、リズムに合わせて８回振る。

2 パッパッパーッとすてよかな

両手を開いてその後すり合わせる。

3 どっちにしようかな

両手を胸の前で組み頭を左右に振る。

4 グー！（パー！）

さあどっち。好きな物が出てくると思った「グー！」、嫌いな物だと思ったら「パー！」といいながら手を出す。

5 絵を開いて……

子どもは自分の判断が合っていたかチェックする。

急に　途中で
変えたら　ダメですよ！

あそびの展開

グループに分かれ、相談してあそんでも盛り上がりますよ。

ポイント

一般的には嫌いだと思われる物でも、中には好きという子もいることがあります。ヘビだっておばけだってそうではないでしょうか？　好き嫌いは絶対ではないのですね。どんなところが好きなのか子どもに教えてもらうのも楽しいですよ。

指ぐりあそび
ア・ラ・カ・ル・ト

昔の人は、大変楽しい指あそびの宝物をたくさん持っていました。それが伝承あそびです。その中から代表的な指ぐりあそびを紹介しましょう。

❶ ソロバン上手

右手の親指と左手の人さし指をつけ、右手の人さし指と左手の親指をくっつける。次に、下になった右手の親指と左手の人さし指を離し、くっついたままの指を軸にして回し、上に持ってきてまたくっつける。これを最初ゆっくりとしばらく続ける。次第に速くしていく。今度は逆に、上にきている親指と人さし指を下に持っていって繰り返す。

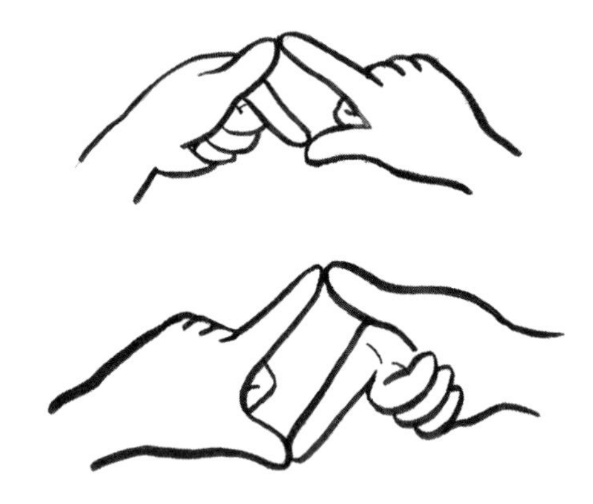

あそびの展開

慣れてきたら歌を歌いながらやりましょう。みんなが知っている♪もしもしかめよ　かめさんよ～♪でやってみましょう。また、この本で紹介している「木登りコアラ」を歌いながら、1番上に進み、2番で降りてくるのもおもしろいですよ。

❷ 親指と小指

『うさぎとかめ』『箱根の山』『権兵衛さんの赤ちゃん』など歯切れの良い曲に合わせて、左右の手の指を握りこぶしに戻して今度は右手小指、左手親指を出したり閉じたりの交互あそび。最初先生は「お父さん指と赤ちゃん指」といいながらゆっくりと子どもにやってみせる。

❸ 1本先に

両手を開き、親指から順に曲げる。「1・2・3・4・5」。今度は小指から順に開いて「6・7・8・9・10」。これはゆっくりやれば誰でもできるでしょう。次に、片手だけ親指を曲げた状態で人さし指から「1・2・3・4」と指を折り、「5」で小指が上がる。「6・7・8・9」も順に指を開いていき、「10」で再び親指を曲げる。やってみるとこれもできるでしょう。では、この2つの動作を片手ずつ同時にやってみましょう。別々なら、できたのに、左右で違う動きを同時にやるとなるとなかなか難しいですよ。

さあ、好きな歌に合わせてゆっくりと始めてみましょう。

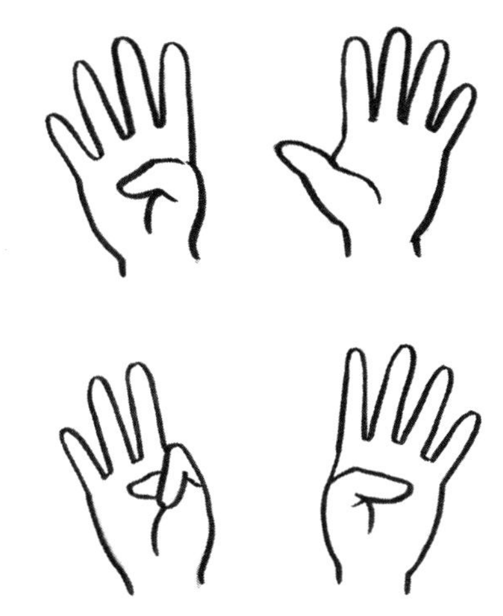

ポイント

訓練をした手・指というのは健康の源です。

このあそびをやってみるとかなり個人差が出ます。先生方も幼少の頃やったことある方はきっと上手ですが、経験がないとなかなか思うように動かせないものです。でもそれは、日常生活ではこんな指の動かし方をしていないせいです。

慣れてきたら何かうたを歌いながらやってみましょう。あそびとしてとてもおもしろくなります。

第2章

いつでもどこでも ハンカチあそび

ハンカチは本当にすばらしい！

誰でも必ず持っているし、安く手に入り、丈夫で長持ちし、しかも軽い。広げたままだと四角、棒のように折りたたむことも、小さな四角に折ることも、ぐちゃぐちゃに丸めることも、カーテンのように隠すこともできます。さらに、投げて取ったり、包むこともできますね。

ハンカチを目の前に置いて見るだけでも、あそびが無限大に広がっていきます。

さあ、ハンカチを使ったゲームあそびを楽しみましょう。

ハンカチ重ね

人数分＋αの紙（ハガキと同じ位の大きさと重さがあればどんな紙でも大丈夫です。紙が軽すぎると風圧で飛んでしまうことがあります）を随所に置き、その上にハンカチを重ねていくという単純なあそびです。

用意するもの

ハンカチ（各自１枚）　人数よりも多めの紙

あそび方

Ａ組とＢ組に分かれて向き合って座り、真ん中に紙をバラバラに置きます。

1 頭の上にハンカチをのせる

Ａ組の人は頭の上にハンカチをたたんでのせる。

2 歌に合わせてハガキに近づく

Ｂ組の人は手拍子しながらうたを歌う。たとえば「メリーさんの羊」など。

❸「こんにちは」でハンカチを落とす

うたが終わったら、中央に置いてある紙に近づき、先生の「こんにちは」の合図で一斉に頭のハンカチを紙を狙って落とす。

❹ 紙を持ち帰る

紙とハンカチが少しでも重なったらそのハガキをもらい自分の席に戻ります。重ならなかったら再び❷〜❸を繰り返す。

❺ 交替して続けましょう

今度はＡ組とＢ組が交替して行う。

さあ、どちらの組がたくさん紙を集められましたか？

あそびの展開

紙の裏に「当たり」「はずれ」を作ったり、点数を書き、ハンカチの重なった数ではなく、その裏に書かれた数で勝負がつく。（Ａ組は５枚で15点、Ｂ組は３枚だけど20点のようなことが起きる）遊び方もあります。また、クリスマス会などで子どもにプレゼントを用意してあるとき、その品物を裏に書いて行っても盛り上がるでしょう。

ポイント

紙には少しでも重なればいいことにします。それでもなかなか重ならなければ、ハガキの倍くらいの紙でやってみましょう。

繰り返すのは１回目に取れなかった人です。何度も重ならない場合は曲を繰り返さず、続けてハンカチを落とします。

紙はパー！ 石はグー！ チョキ

石のグーは掴む―「ほしい」、紙のパーははなす―「いらない」ときの表現にしましょう。これらを使って、さらに3つ目のジャンケン「チョキ」のかけ声でハンカチをとるあそびです。先生の合図で元気よくハンカチを取りましょう。

用意するもの

ハンカチ（2人に1枚）

あそび方

1 ハンカチを1枚置く

2人1組になって座る。膝をつけて向き合い、両膝を隠すようにハンカチを1枚置く。

2 「紙は？」「パー」

先生：「紙は？」
子ども：「パー！」といって、元気に両手を開いて、頭の上に突き出す。

3 「石は？」「グー」

先生：「石は？」
子ども：「グー！」といって、両手こぶしをにぎって頭の上に出す。

4 何回か練習しましょう

紙や石を何回か繰り返す。

5 「チョキ！」でハンカチを取る

先生：「チョキ！」
といったら、膝に置かれているハンカチを急いで取り合う。
＊指はチョキにする必要はない。

ポイント

少しドキドキしてしまうかもしれませんが、このあそびの本質は、〈早く奪い取る〉ということより、先に取られたら〈くやしい〉とか、人より先に取れて〈嬉しい〉という人の感情をホットにする点です。先生はそこのところをしっかり押さえて、あまり勝ち負けが強調されないよう進行に注意しましょう。

あそびの展開

ハンカチを使わずに、グーチョキパーの練習として、**♪もしもかめよ、かめさんよ〜♪**と歌いながらグー、パーを繰り返し、フレーズの終わりごとにチョキにするあそびも楽しいですよ。

雷だ！ ピカッ！ ゴロゴロドン！

集会のあそびに適しています。頭の上にのせたハンカチを手あそびしながら、うまく手のひらに落とせばOK！　虎のパンツをはいた雷になったつもりで表情豊かにあそびましょう。集中力を養う、〈手あそび〉＋〈ハンカチあそび〉です。

用意するもの

ハンカチ（各自１枚）

あそび方

1 頭の上にハンカチをのせる

座ったまま、子ども全員がハンカチを小さくたたんで頭の上にのせる。

2 「雷だ！」「ピカッ」

先生：「雷だ！」
子ども：「ピカッ！」
と答えながら、両手を開いて胸の前に出す。
（ハンカチを落とさないように注意）

3 ゴロゴロゴロゴロ

先生と子ども：「ゴロゴロゴロゴロ」
といいながら両手を胸の前でぐるぐる回す。

4 「ハイ！」「ドン！」

先生：「ハイ！」
の合図で、子どもは両手を上に向けて胸の前に出し、そこに頭のハンカチを落とす。ハンカチが頭から落ちた瞬間に「ドン！」という。

あそびの展開

コツをつかみ１人でできるようになってきたら２人組で向かい合い、１人が頭にハンカチを乗せ一連の流れで「ドン」と落とす。それをもう１人が捕る。捕れたらお互いの役割を交代します。

ポイント

手のひらに落とすとき、つかんで取ってもいいです。また、上手に手のひらにのれば良いわけですが、床に落ちてもかまいません。勝負にこだわらず、何回も繰り返してあそぶうちに、コツが分かり、喜んで参加してくれるはずです。

クルクルポン!

ハンカチをカーテンのようにして使ってみましょう。向かい合った２人の隠した指と指が同じ方向を向いていたら相性バッチリ！

うた♪♪♪

作詞・作曲　多志賀 明

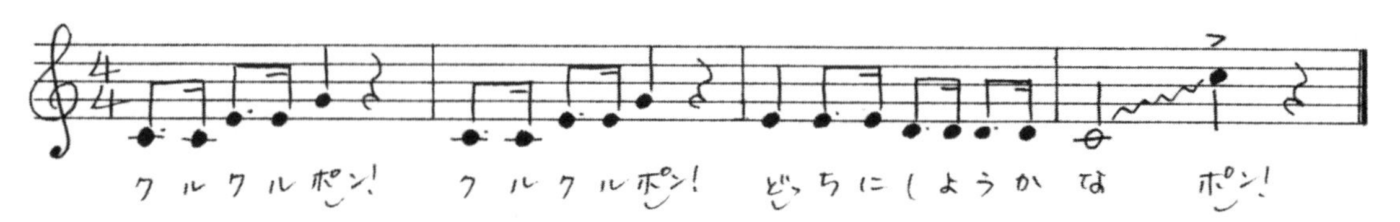

用意するもの

ハンカチ（２人に１枚）

あそび方

1 ハンカチをカーテンのようにたらす

２人で向かい合って座り、お互いに左手でハンカチをつまんでカーテンのようにたらす。

2 クルクルポン!クルクルポン!どっちにしようかな

２人同時に見えないように右手でハンカチを指差し、人さし指をトンボ取りのようにクルクルと回す。

ポン！

上と下どちらか決め、相手に見えないように出す。

4 カーテンをおろす

リーダー：「さあ、カーテンをおろしてみましょうね」で、ハンカチをおろし、お互いに同じ方向を向いていたら１点獲得。５回のうち、何点採れるか繰り返す。

同じ方向に指が向いていたら、その２人は心が合っていますね。１点上げましょう。残念だけれど上と下に分かれちゃったグループは次のチャンスに頑張ってください！

ポイント

慣れてきたら上下だけでなく左右も加えてみましょう。もっとおもしろくなります。

三角 四角 どっちかな?

三角か四角のどちらかを当てるあそびです。こういう単純なあそびは、とても喜ばれます。

うた♪♪♪

作詞・作曲　多志賀 明

用意するもの

ハンカチ（2人に1枚）

あそび方

1 親を決める

2人組のどちらかかが親になり、親になった人はハンカチの四隅をまとめて握る。

2 三角四角 三角四角 どっちかな どっちかな

親は四隅の1カ所をつまみ、一緒に歌う。

③ 三角か四角を決める。

親でない子は、残りの1カ所をつまみ、「三角!」または「四角!」と答える。

④ さあ、どっち?

お互いにつまんだ隅を離さずにそっと引いて、三角か四角か確かめる。当たったら親と交代する。

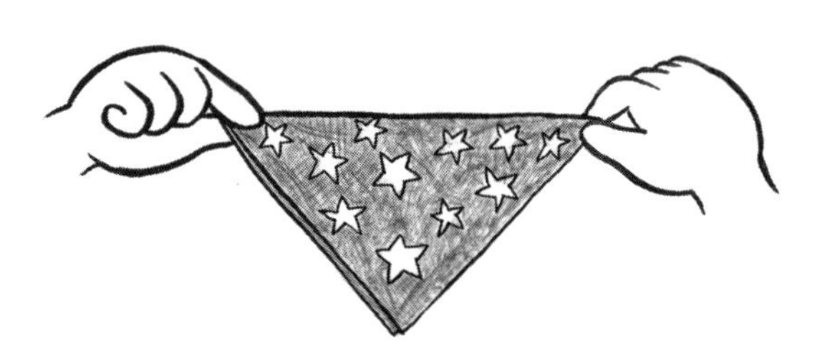

ポイント

この遊びは親を決めますが、親が正解を知っているわけではありません。最後まで答えがわからないのがおもしろいのです。

朝ですよ！ コケコッコー！ おはよう！

ハンカチの特徴のひとつ〈隠す〉を使ったあそびです。指を隠して、何の指かを当てましょう。

用意するもの

ハンカチ１枚

ポイント

進行は先生が行いますが、子どもが「コケコッコー」と答えることによって、あそびが続いていくのが特徴です。慣れてきたら子ども同志でやってみましょう。また２本指を当てるようにするのも少しむずかしくなりますが盛り上がります。

あそび方

1 親指を折り曲げる

先生は、子どもに向けて手のひらを大きく開いて見せ、親指を折り曲げる。
全員：「お父さん、おやすみなさい」

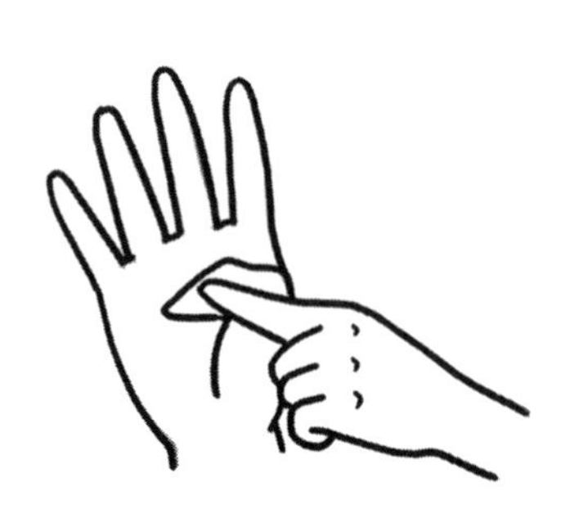

2 人さし指を折り曲げる

今度は、人さし指を曲げながら、
全員：「お母さん、おやすみなさい」

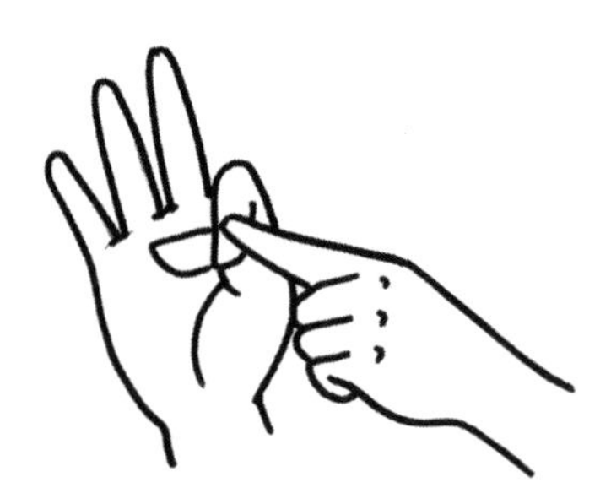

3 中指、薬指、小指を曲げる

全員：「お兄さん、おやすみなさい」「お姉さん、おやすみなさい」「赤ちゃんおやすみなさい」と順に小指まで折り曲げていく。

4 ハンカチをかける

先生：「お父さん、お母さん、お兄さん、お姉さん、赤ちゃんがみんな静かに休みましたよ。布団をかけないと風邪をひきますね。そこでハンカチの布団をかけてあげましょう」

5 みんなを起こす

さあ、おひさまが昇ってきましたよ。みんなでこの５人家族を起こしてあげましょう。
先生：「朝ですよ」
子ども：「コケコッコー！」
先生：「おはよう」
とゆっくり挨拶しながらハンカチの中で１本だけ指を真上に伸ばします。
先生：「あらあら、誰か１人早く起きてきた人がいますよ。それは誰でしょうね。わかった人はその指を出してみましょう」

6 ハンカチをとる

ハンカチをとって結果を見せる。

ハンカチ拍手

投げる、捕るの基本練習はボールがよく使われますが、ハンカチを使う方法はいかがでしょうか？　ハンカチは投げやすく、失敗して体に当たっても少しも痛くありません。ボールがわりにハンカチを使った楽しいあそびです。

用意するもの

ハンカチ（各自１枚）

あそび方

1 ハンカチをまるめて頭上に投げる

先生の合図でハンカチをまるめて頭上に投げてキャッチする（はじめは低く投げ、徐々に高く投げるようにしましょう）。

2 ハンカチが落ちるまでに拍手する

慣れてきたら、ハンカチが空中にある間に「パン」と１つ拍手してからキャッチします。

③ 拍手の数をふやしていく

拍手を２回、３回とふやしていく。

④ 勝ち残り戦

他の子とぶつからないよう十分間隔をとって立つ。
先生：「１つ」
全員がハンカチを頭上に投げ、キャッチする間に拍手を１回入れる。キャッチができなかった人は、その場に座る。
先生：「２つ」
２回拍手を入れる。
「３つ」「４つ」……と拍手の数をふやし、最後まで残った人が優勝です。

ポイント

ハンカチのかわりに、タオルや袋を使うともっと簡単にできます。このあそびは、投げる、捕るの基本経験が大事です。大切なことは捕れなかった時のフォローです。捕れるのがあたり前ではなく、捕れないのがあたり前で、捕れたらラッキーというくらいの雰囲気作りが重要です。繰り返しやることで上達します。ぜひ、機会のあるたびにやってみましょう。

ハンカチプレゼント

毎月のお誕生日会ゲームとして作りましたが、グループ対抗のあそびとしても適しています。「おめでとうございます」「ありがとうございます」と挨拶をして楽しくあそびましょう。

用意するもの

ハンカチ（各自１枚）

あそび方

1 お祝いする子に向かって並ぶ

誕生日を迎えた子１人に対して、他の子は均等に分かれ、お祝いする子に向かって一列に並ぶ。

2 ハンカチを頭の上にのせる。

全員がハンカチを四つ折りにして、頭の上にのせる。

③「おめでとうございます」

列の先頭の子は、お祝いする子に向かって座り「おめでとうございます」とおじぎをしながら、ハンカチを2人の間に落とす。

④「ありがとうございます」

お祝いを受ける子は「どうもありがとうございます」と答えながらおじぎをし、落ちているハンカチに重なるように落とす。ハンカチが重なればハンカチをプレゼントしてもらう。

⑤1人ずつ交替して続ける

以上を1人ずつ交替して繰り返し、全部のグループが終わったところで、預かったハンカチの数をかぞえて、一番多くとった子が優勝。

あそびの展開

紙お祝いの席でないときは、グループ対抗のあそびにします。この場合は「おめでとう」のかわりに、「リンゴをおひとつどうぞ」「どうもありがとうございます」というふうに、ハンカチを何か身近な品物に例えてあそびましょう。

第3章

誰でも簡単 ジャンケンゲーム

昔も今も、子どもたちはジャンケンをしてあそんでいます。大人の世界でも、ときどき活用されるジャンケン。それはジャンケンが能力その他の条件とは全く関係なく、偶然性によって勝敗を決める公平なゲームだからでしょう。さあ、みんなで一緒に始めましょう。

ジャンケン開脚ゲーム

ちょっと手あそびに飽きてきたら気分を変えてからだを動かしてみましょう。体力より、柔軟性より、運が必要です。

あそび方

ジャンケンで負けたら足を広げていきます。
広げられなくなったら負け。

親子で向かい合ってジャンケンをする。

負けたほうは足を少し開く。一度開いた足は元に戻すことはできません。

❸

またジャンケンをする。

❹

負けたほうが足を開く。これを繰り返す。

❺

がまんができなくなったほうが負け。

ポイント

開く足の幅を床板１枚とか靴の幅などと基準をきめてやれば不公平感もありません。

たけのこジャンケン

親子の集いなどに遊べるゲームです。子どもの運と親の体力、二つの力で勝負します。

あそび方

ジャンケンで勝つと、抱っこ、おんぶ、肩車と、だんだん子どもの位置が上がっていきます。

❶

親子で手をつなぎ、ほかのペアとジャンケンする。

❷A

ジャンケンをして勝ったら、親が子どもを抱っこする。

❷B

負けたら、そのままでまたジャンケンをするペアをさがす。

❹

さらに勝つと肩車をする。これが「たけのこ」で勝ちになる。

❸

また勝ったらおんぶする。

遊びの展開

抱っこやおんぶのときにジャンケンで負けると、１つ前の状態に戻るというルールにするとなかなかたけのこができず、時間も程よく使うことができます。

ザリガニジャンケン

グーチョキパーで勝ち負けを決めたら、ザリガニのハサミでチョッキンチョッキン。「一本橋コーチョコチョ」のように相手の手のひらをくすぐったり、はさみをつけたりして、大変盛り上がるスキンシップも兼ねたあそびです。

うた♪♪♪

作詞・作曲　多志賀 明

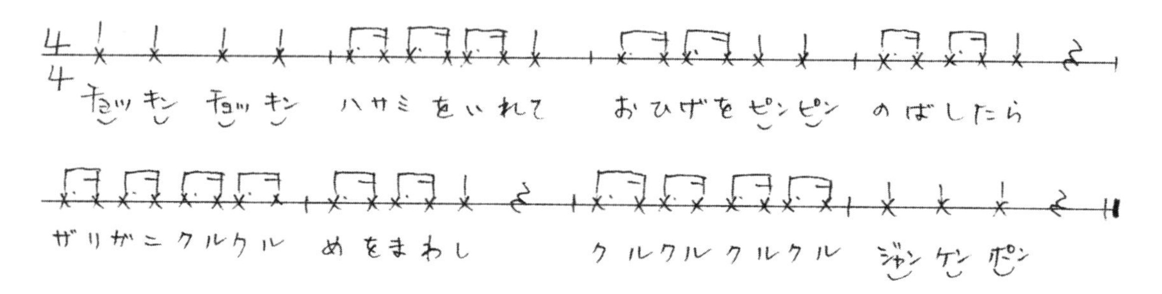

あそび方

はじめに

ジャンケンをし、勝った子は負けた子の手のひらをザリガニになったつもりで痛めつける。

1 チョッキン チョッキン ハサミをいれて

勝った子は、左手で負けた子の手首を握り、右手でハサミ(チョキ)をつくって相手の手のひらを切る動作を４回繰り返す。

❷ おひげを ピンピン のばしたら

指を一本ずつ引き抜く動作を繰り返す。

❸ ザリガニ クルクル めをまわし

相手の手のひらに人さし指を立て、くすぐるように回す。

❹ クルクル クルクル ジャンケンポン

両手を交互に前後にまわしてジャンケン。勝負が決まったら最初から繰り返す。

あそびの展開

❹で「トコトコトコトコ　コーチョコチョ」といい、相手の腕を２本指で登って脇の下をコチョコチョくすぐるふれあいあそびにします。

ハンカチジャンケン

多志賀先生がかつて新幹線で東京から名古屋までの約２時間を、小さな子どもとそのおばあさんがずっとこのあそびをやっているのを見かけたことがあります。あきることなく、騒ぐことなく何度も何度も繰り返しあそんでいたそうです。これが本来の孫と祖母のあそびなんだと感じる光景でした。ぜひ、おじいさん・おばあさんとあそんでほしいゲームです。

用意するもの

ハンカチ（２人に１枚）

あそび方

ジャンケンをして、先にハンカチを続けて４カ所折り込んだ方が勝ちです。

1 スタート

２人組で向かい合って座って、間にハンカチを開いておく。

2 勝ったら角を折り込む

１回目のジャンケンで勝った人は、折り込む人になり、ハンカチの角を１カ所だけ中心まで折る。負けた人は守りになる。

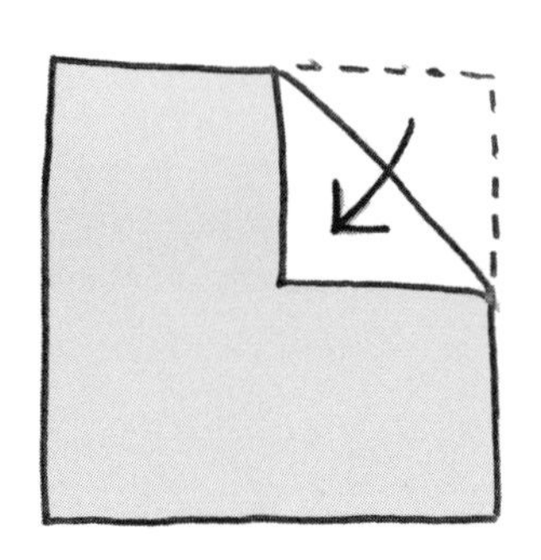

❸ 続けて勝てばもう一カ所折る

２回目のジャンケンで同じ人が勝てば、開いている３カ所の角のうち１カ所折り込める。

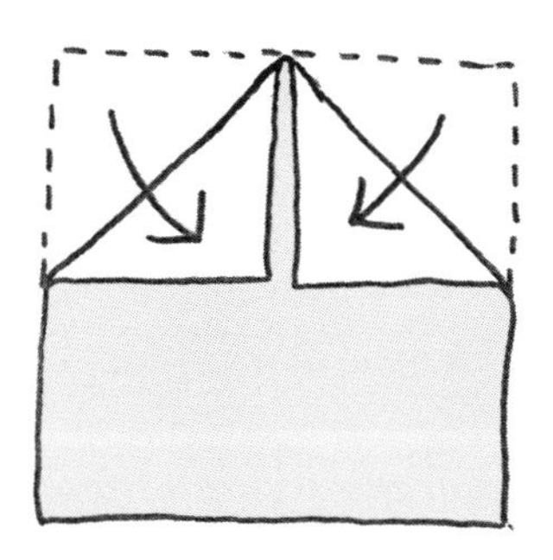

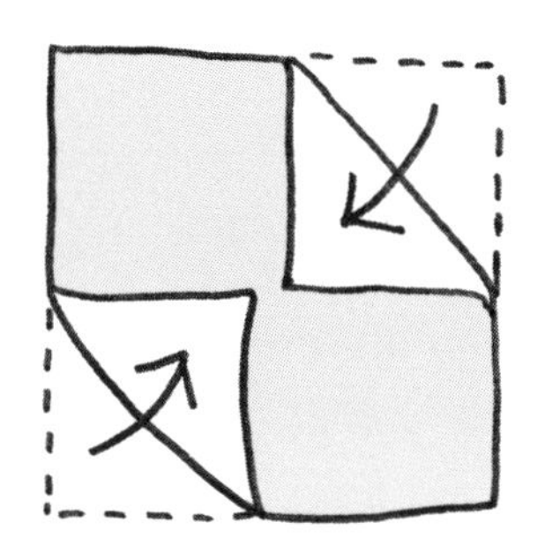

❹ 守る側が勝てば、開いて防ぐ

守る人が勝ったときは、折り込むことはできない。相手が折ったところを戻し、❷に戻る。

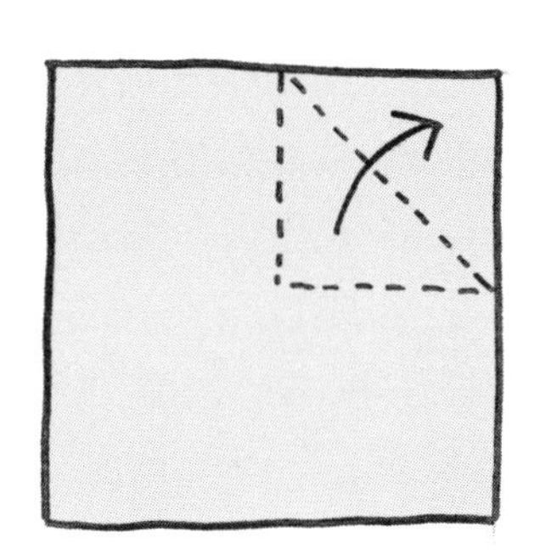

❺ 4つの角を先に折り込めば勝ち

❷❸を繰り返し、最終的に４つの角を先に織り込んだ方が勝ち。

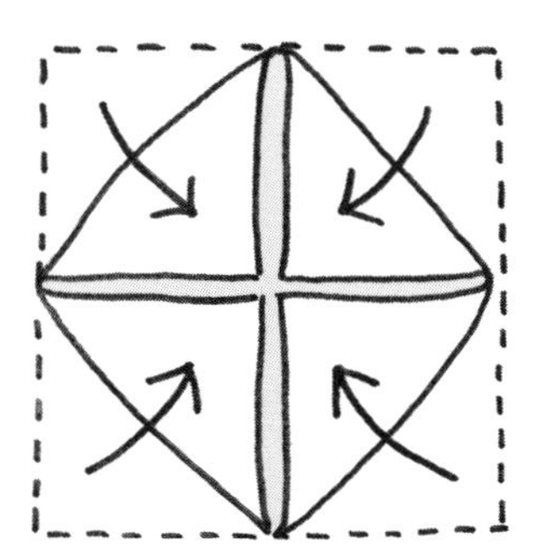

あそびの展開

慣れてきたら８カ所折り込みにしてみましょう。なかなか勝負がつかず、さらに面白くなります。この場合は少し大きめのハンカチを使います。

拾った木の実

森に住む動物たちを主人公にしたジャンケン手あそびです。簡単な表現を入れて最後にジャンケンになる、「げんこつ山のたぬきさん」と同じようなかわいらしい感じのあそびです。

うた♪♪♪

作詞・作曲　土井 広子
編　　　曲　多志賀 明

あそび方

2人向かい合い、座りましょう。

1ばん

1 クマさんが　木の実を

両手握りこぶしをクマの耳のように頭につけ、歌に合わせて頭を左右に振る。

2 ひろったよ

手を２回たたいて、相手の手のひらを２回合わせる。これを２回繰り返す。

3 でっかいでっかい　木の実を

両手を頭の上に伸ばして輪を作り、ゆっくりと左右に揺らす。

4 ひろったよ

❷を１回繰り返し、手を交互に前後に回してジャンケン。

2ばんと**3ばん**は**ポイント**を参考にやってみましょう。

ポイント

　このあそびは１番、２番、３番にはっきりと変化をつけることが大切です。１番は大きい動物の代表なので、**♪でっかい　でっかい♪**は歌も動物も特に強く重たい感じにしましょう。２番は歌・動作とも中位の大きさにしてかわいいリスを表現し、３番は小さなアリをとても小さな声か無声音で歌い、指先を使って小さく表現します。

第4章

切る・折る・貼るあそび

ハサミで切る・指先を使って折る・のりを細かいところにつける、これらの作業は大人の生活の中で何気なく行われていますが、実際にはとても集中力の必要なものです。それゆえに幼児期には大変有効だと思います。でき上がってあそんでみたり、作業そのものがあそびだったりするととても楽しく行うことができますので、ここにいくつか紹介しましょう。

指ぐるま

丸い紙を使って笠のような形を作ります。円の周囲に細かい切り込みを入れたり、折ったりと作業は少し大変ですが、でき上がりはとてもよく回っておもしろいですよ。

準備するもの

直径8cm〜10cmくらいのまるい紙（折り紙でも良いが、画用紙・ラシャ紙が比較的丈夫）
ハサミ

つくり方

❶

中心まで切り込みを入れる。

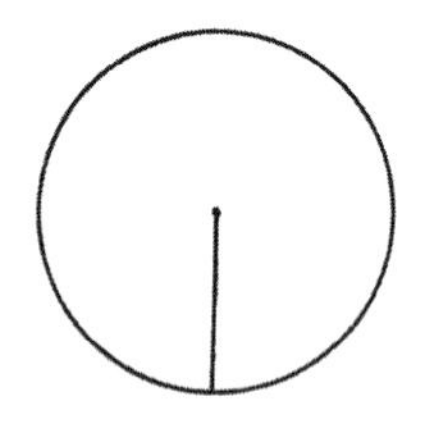

❷

2cmくらいたぐり寄せて、のりづけして「じん笠」のような円錐を作る。

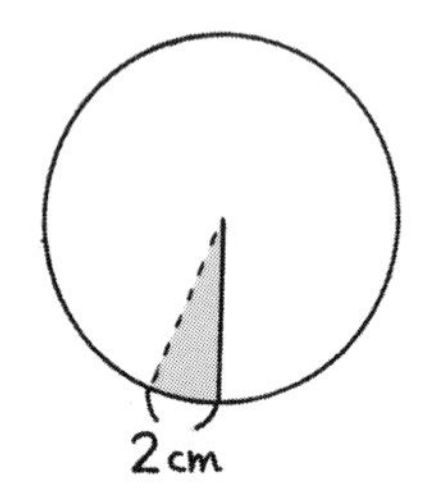

❸

1.5cm間隔に1cmの切り込みを入れる。

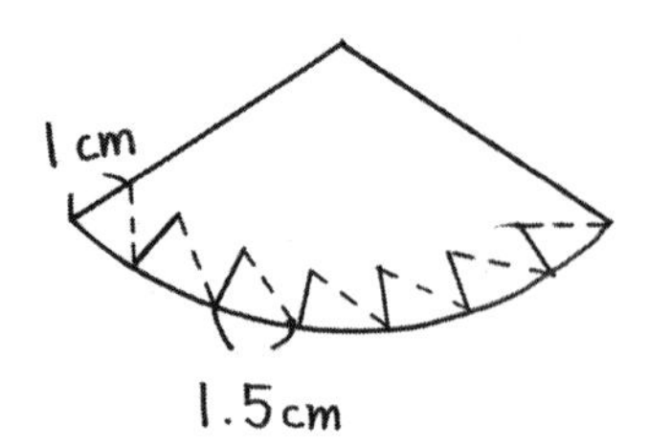

❹

切り込みを入れたところを外側に折ってでき上がり。

あそび方

人さし指にのせてから真横に進める。風車のようにクルクルと回ります。できれば少し歩きながら回してみましょう。

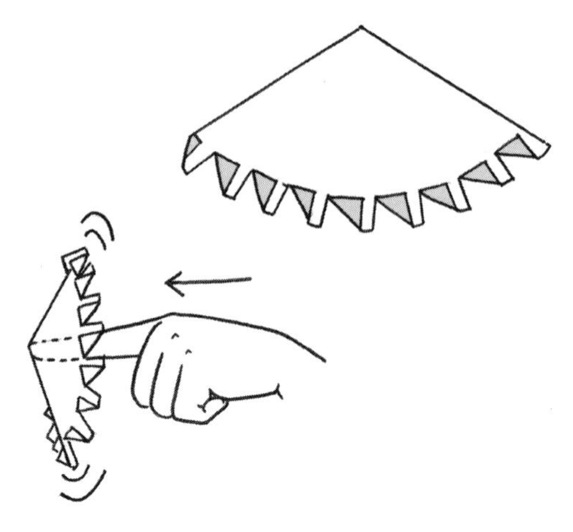

紙コプター

細長い紙を使ってヘリコプターのようにクルクル回るあそび道具を作ります。小さければ小さいほどクルクル回ってとても楽しいものです。

準備するもの

細長い紙（画用紙、ラシャ紙、割り箸入れの袋または折り紙の８分の１くらい小さいものでも良い）
ハサミ

つくり方

縦４分の１くらいまで、まん中に切り込みを入れる。

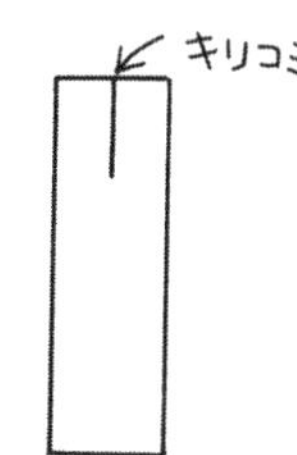

上から３分の１くらいの位置に左右から幅３分の１ほどを切り込む。

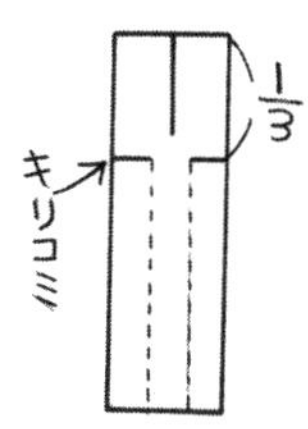

❸

横の切り込み分だけ中に折り込む。

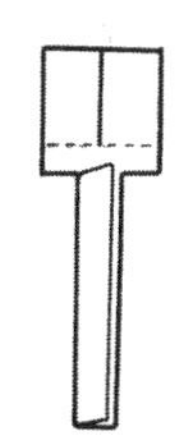

❹

縦の切り込みを前後にＹの字に開いてでき上がり。

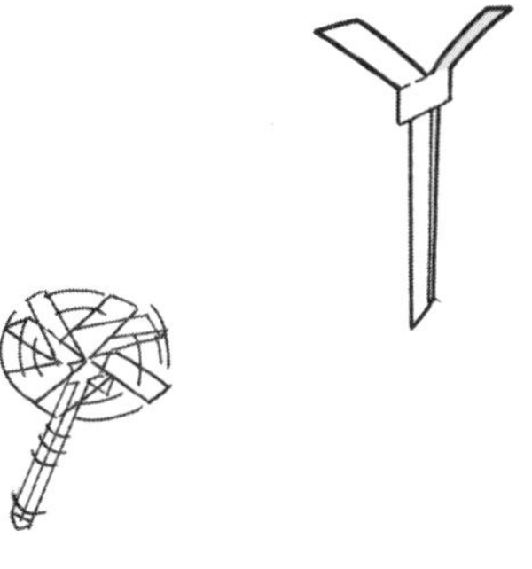

あそび方

高いところから落としてみましょう。クルクル回ります。また、思い切り上にも飛ばしてみましょう。落ちる様子を上から見るのと下から見るのでは少し趣が違いますね。

回るメガネ

あらかじめ細長い紙を準備しておき、輪を作って貼るだけです。ハサミは使わないのでとても簡単にできます。

準備するもの

細長い紙（折り紙８分の１くらい）、のり

つくり方

❶

紙の一方の端にのりをつけて輪を作る。

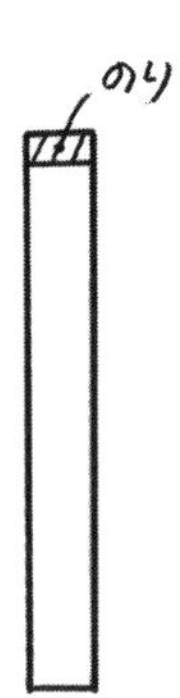

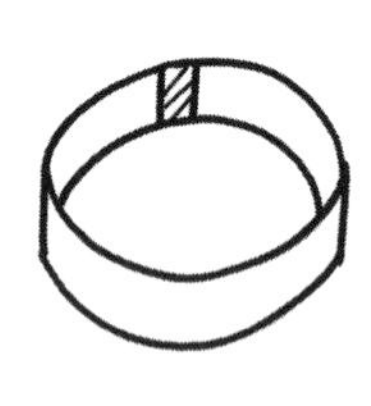

❷

まん中の内側にのりをつけて押さえ、メガネの形を作ってでき上がり。

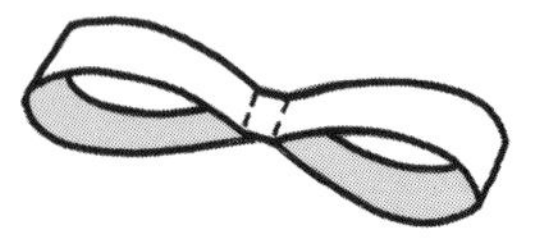

あそび方

自由に投げてあそびます。これも回転がとてもおもしろいのです。

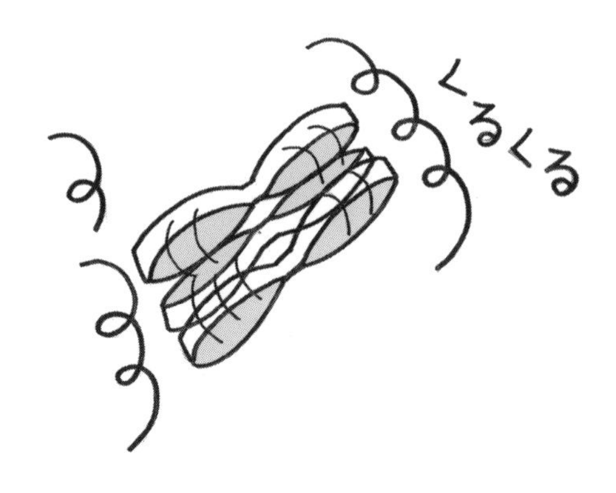

組ぐるま

細長い紙3枚を重ね合わせて作ります。重ね方が複雑なので少し難しいかもしれません。ハサミものりも使いません。

細長い紙か折り紙8分の1を3枚

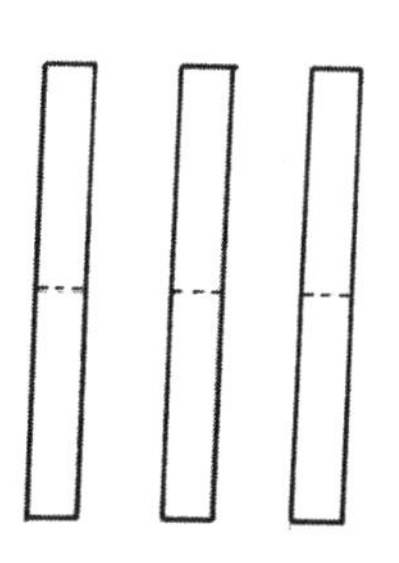

❶

3枚とも半分に折る。

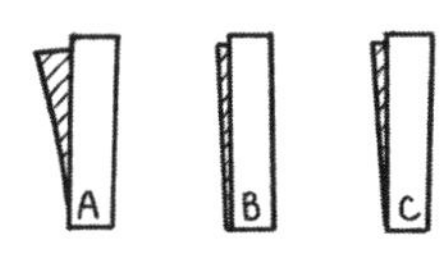

❷

Aの紙の間にBをはさむ。

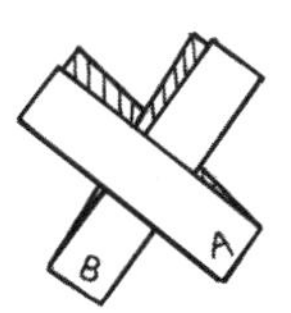

❸

Cの紙をわを上にして持ち、Aの開いている方をはさんで、Bのわに通す。

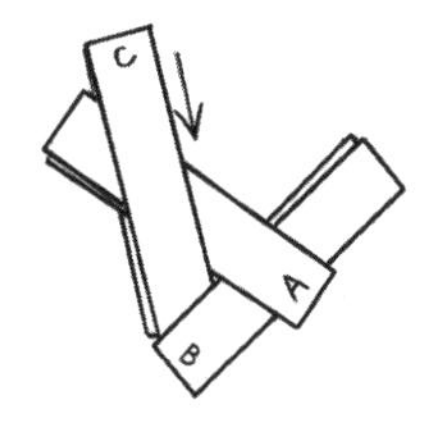

❹

それぞれの紙の開いている方を少しずつ引き寄せるとでき上がり。

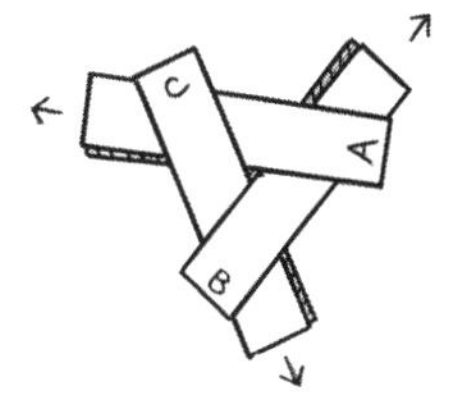

投げて落ちてくる様子に、趣があります。紙に色をつけて作ると、回るときコマのようにとてもきれいです。

ポイント

セロテープを1カ所貼るとばらばらにならずにすみます。

切る・折る・貼るあそび

UFO

昭和初期には『竹取物語』と呼ばれていたあそびで、子どもからお年寄りまで楽しめます。

準備するもの

折り紙１枚、のり、（ティッシュ少し・なくても大丈夫です）

つくり方

❶

折り紙を三角に折り、まん中に折り線をつける。

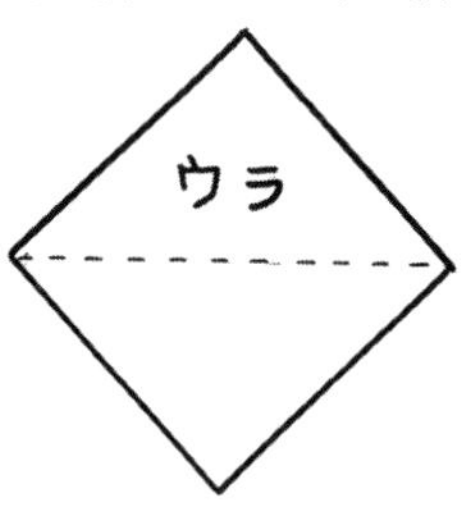

❷

❶でつけた折り線に向かって、少し三角が出るように折る。

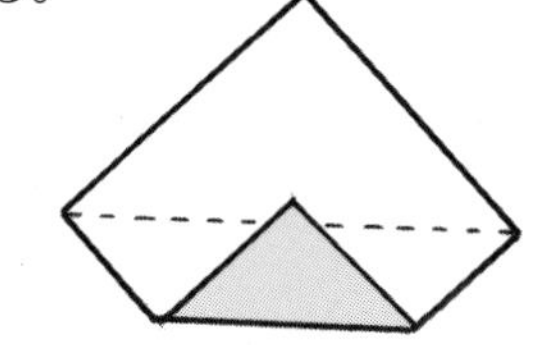

❸

下の台形部分をまん中の折り線に向けて折る。

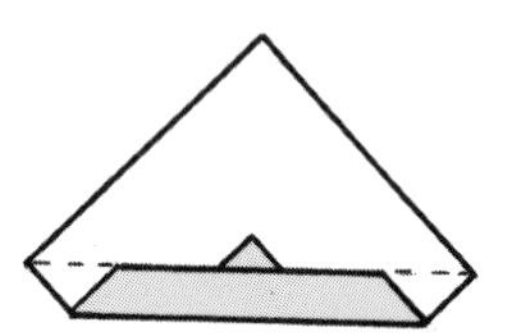

❹

さらにもう一度折り込む。

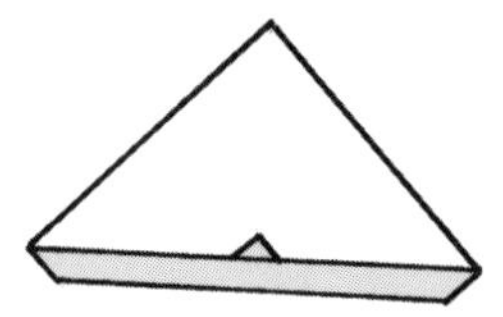

❺

かたい部分を折り曲げて、やわらかくしわを入れる。

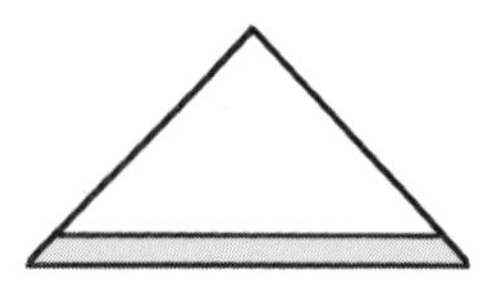

❻

丸めてテープ等でとめる。ティッシュのしっぽをつけてでき上がり。

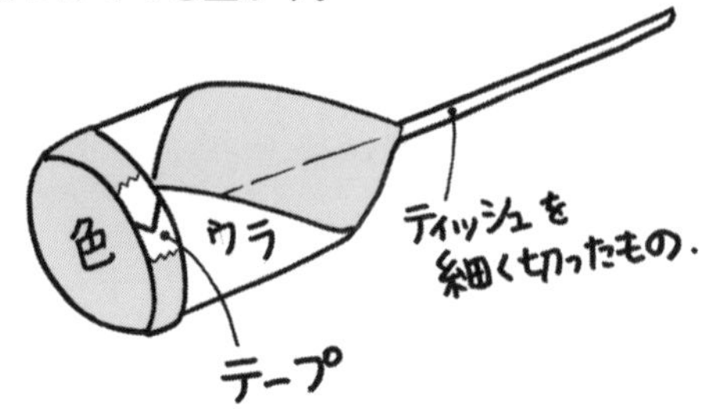

あそび方

円錐の先を前にして投げ上げたり、高いところから飛ばしてみましょう。

株式会社 総合体育研究所
スキルアップスポーツクラブ

1981年幼児体育講師派遣会社として設立。その後、1987年にウイニングスポーツ企画(スポーツ用品全般の販売)、1989年千葉、1990年埼玉、1992年神奈川、1993年西東京、2005年こころとからだ塾、2006年茨城、NPO法人ブイ・フィットライフ、2008年群馬、2010年には大阪設立。

現在は従業員約170名で、関東を中心に約500カ所の幼稚園や保育園各種専門学校および東京都板橋区高齢者福祉施設や、港区の児童館などで体育指導にあたっている。また、テレビ番組の「たけしのスポーツ大賞」、「しあわせ家族計画」、「東京フレンドパーク」、「リンカーン」等にもかかわる。

この本の制作にあたった企画室では、日本全国で保育者のための講習会の開催、企業・法人の運動会の企画・運営や体力測定、ヘルシーダンス教室等を手がけている。

多志賀 明(たしが あきら) (1936-2014)

昭和11年10月18日、千葉県市川市に生を受ける。神奈川県川崎市の私立幼稚園を振り出しに、幼稚園教諭として活躍。その経験と知識を活かし、保育士、幼稚園教諭、保護者、児童対象の講演会や講習活動を行い、全国を走り回った。晩年は、家族の絆の重要性に焦点を当て、子どもからお年寄りまで幅広く楽しめる表現あそびや、歌あそびを広める研修・講習活動に尽力した。

かんたんたのしい 手あそびいっぱい!!

2019年8月1日 初版第1刷発行

著者	多志賀 明／㈱総合体育研究所
イラスト	せきし いずみ
発行	有限会社 アイ企画 山本成康
発売	株式会社 生活ジャーナル 〒161-0033 東京都新宿区下落合4-4-3 山本ビル2F TEL. 03-5996-7442／FAX. 03-5996-7445
印刷・製本	株式会社 光陽メディア

日本音楽著作権協会（出）許諾第1906410-901号